PORTRAITS HISTORIQUES

Au dix-neuvième siècle

2e SÉRIE

30

M. RATTAZZI

PAR HIPPOLYTE CASTILLE

Auteur de

la Seconde République (1848 à 1852) et de l'Histoire de Soixante Ans

AVEC PORTRAIT ET AUTOGRAPHE

Prix : 50 centimes

PARIS

E. DENTU, LIBRAIRE-ÉDITEUR

PALAIS-ROYAL, 13 ET 17, GALERIE D'ORLÉANS

1862

URBAIN RATTAZZI

E DENTU Édit.r Gal.ie d'Orléans 13 P Royal

Gilquin et Dupain Impr. r. des Grès St J. 3 Paris

M. RATTAZZI

PARIS
IMPRIMERIE DE L. TINTERLIN ET Ce
rue Neuve-des-Bons-Enfants, 3.

PORTRAITS HISTORIQUES

Au dix-neuvième siècle.

2e SÉRIE.

— 30 —

M. RATTAZZI

PAR HIPPOLYTE CASTILLE.

PARIS

E. DENTU, ÉDITEUR

Palais-Royal, galerie d'Orléans, 13 et 17.

1862

M. RATTAZZI

« Rattazzi a toujours été le membre le plus conservateur du cabinet, le partisan le plus décidé du principe d'autorité. Le Roi, la Monarchie, la cause de l'ordre n'ont pas de partisans plus sincères, plus dévoués que lui. »

(*Lettre de* M. DE CAVOUR *au marquis* DE VILLAMARINA.)

Quelle fine et intelligente figure que celle de M. Rattazzi ! Que de pénétration dans le regard, d'élévation dans le front, de sagacité dans l'ensemble des traits et de fermeté dans cette partie inférieure du visage qui semble être le siége des fortes résolutions ! Sur les médailles romaines, César semble mâcher du fer. Ne semble-t-il pas, au relief de ces traits énergiques, qu'on retrouve chez certains hommes dont la vie a été un combat, que l'effort d'une volonté constante ait fait saillir les muscles et imprimé un caractère de suprême décision à la physionomie tout entière? Chez ces hommes, fondateurs d'empires et de royaumes, il a fallu, en effet, que, derrière le rideau du visage, au plus profond de l'âme, un drame formidable se soit accompli. Il a fallu qu'ils fissent en eux-mêmes le serment de vaincre ou de périr, de surmonter tous les obstacles, tous les dégoûts, toutes ces vicissitudes. Il a fallu fouler aux pieds de la conscience le jugement des foules, s'attendre à tout, se préparer à tout, se résigner à boire, au besoin, le calice de la calomnie et la ciguë de l'ingratitude. Il a fallu se dire : Je ferai ceci pour ma patrie, et Dieu seul me jugera.

Or, nous ne savons pas dans l'histoire de spectacle plus intéressant que celui-là, et nous ne savons pas de temps ni de lieu où ce spectacle ait été plus vivant, plus passionné, que sur le théâtre de cette Italie nouvelle qui, depuis dix ans, secoue la poussière des tombeaux et vient réclamer sa place dans le concert européen.

Aussi, rien de maniéré chez ces hommes d'État italiens ; rien qui sente l'apprêt, l'apparat, le côté fastueux des vieilles puissances consacrées par les loisirs de plusieurs siècles d'existence et de prépondérance.

Ce qui fait l'originalité des hommes d'État italiens, c'est leur simplicité même. Ces grands joueurs sont trop occupés de leur partie pour songer à la galerie. Il y a dans leur allure quelque chose du fier laisser-aller des conventionnels de 1793. Ils sont accessibles comme des artistes, et, comme eux, sans morgue, sans prétention, tout à leur affaire. Le photographe qui a saisi au passage la physionomie de M. Rattazzi, l'a surpris le binocle aux yeux, la cravate négligemment nouée, le regard interrogateur, les lèvres fermées, les cheveux au hasard du vent et du mouvement de tête. Point de décorations, point d'insignes. Est-ce qu'ils ont le temps! Cavour regarde l'Europe à travers ses lunettes et cache un demi-sourire dans son double menton. Rattazzi, venu antérieurement, au moment le plus tendu, épie la situation. Les écueils sont partout. Il s'agit de gouverner juste, avec une précision mathématique. Des deux côtés, l'abîme est là, béant, prêt à engloutir la patrie reconquise. Il s'agit d'arriver au port sans avaries ou de périr. Et ce qui donne confiance en le regardant, c'est le sang-froid qui domine toute cette tension d'esprit et de volonté.

A la tribune, c'est autre chose. M. Rattazzi possède tous les secrets de l'éloquence; mais il en use d'une façon appropriée à ses facultés physiques. Ne pouvant tonner comme Danton, il laisse à M. Lanza ou à quelque autre fort poumon du Parlement, le soin de faire trembler les vitres. Il attend patiemment que la foudre ait grondé, et, quand son tour est venu, il monte à la tribune et le silence se fait.

D'abord sa voix, savamment ménagée, couvre à peine le bruit de la salle. Puis tout à coup un sourire, un de ces légers frémissements qui passent sur les assemblées comme le bruit du vent dans les feuilles, parcourt les bancs. M. Rattazzi vient de lancer à son bruyant adversaire un de ces traits aigus et légers qui pénètrent sans violence, mais qui vont droit à leur but. M. Rattazzi tient de Gioberti cet art qui consiste à dissimuler la critique dans la louange.

Nous disons sans violence, parce que la méthode toute courtoise de M. Rattazzi est de rendre hommage à ses adversaires, de les envelopper en quelque sorte dans le réseau de sa parole, et de les frapper ensuite avec l'arme de la logique aiguisée d'une légère pointe d'ironie.

M. Rattazzi appartenait, sous le règne de Charles-Albert, à cette partie du Parlement qui, dans notre Chambre des Députés, était désignée sous la dénomination de centre gauche. Ce centre gauche piémontais se composait d'hommes généralement distingués par leurs talents, soit comme publicistes, soit comme orateurs. M. Rattazzi en était le chef.

Quoique partisan du principe d'autorité sans lequel nul gouvernement n'est possible, il n'appartenait point au parti rétrograde. Né à Alexandrie le 30 juin 1808, il avait puisé dans sa famille, compromise dans les événements de 1821, des sentiments libéraux qu'il devait plus tard apporter dans l'exercice du pouvoir. Au sortir du Collége des Provinces, à Turin, il s'était bientôt distingué par la force de ses études, la décision de son caractère. A vingt et un ans, il conquit le doctorat, et sept ans plus tard, en 1836, son mérite et sa science le désignaient pour le professorat.

Il l'exerça pendant deux ans à l'Université royale ; mais sa nature active, ses facultés brillantes, la hardiesse de sa conception, l'appelaient sur un terrain plus conforme à ses destinées. Il prit place au Barreau du Sénat de Casale.

Ses talents y grandirent; son esprit pratique et positif, sa profondeur de jugement, sa perspicacité dans les matières de droit, le placèrent promptement dans une situation hors ligne. Sa renommée s'étendit au loin, et il devient bientôt un des jurisconsultes les plus éminents de l'Italie.

En Italie comme en France, le Barreau a été, pour les intelligences d'élite, un des foyers les plus lumineux d'où sont sortis les hommes d'État de l'avenir. Les événements marchaient d'ailleurs, et, en 1848, une Chambre élective fut enfin instituée dans le royaume de Sardaigne.

Les électeurs d'Alexandrie portèrent leurs suffrages sur l'avocat illustre du Barreau de Casale.

Son caractère était excellemment formé pour les circonstances au milieu desquelles il devait se produire. Le mouvement de 1848 fut, comme on le sait, un mouvement libéral et démocratique. M. Rattazzi était doué de la qualité qui réussit le mieux dans les démocraties : il était modeste, et l'aménité de ses manières ajoutait encore à ses dispositions naturelles le charme qui naît de la courtoisie.

Le mouvement réformiste était alors en pleine activité dans les États-Sardes. Le chef du cabinet piémontais, César Balbo, manquait des qualités nécessaires pour prendre la tête de ce mouvement. Les théories de l'auteur des *Espérances de l'Italie* n'allaient pas au delà de l'affranchissement de la domination autrichienne. Peut-être voyait-il juste en assignant aux destinées de l'Autriche une compensation sur le terrain de l'Empire Ottoman ; mais son programme politique était trop vague, trop contradictoire, pour dominer la situation. Il prétendait arriver à l'indépendance par la seule force des armes, oubliant que, pour donner des mœurs militaires à l'Italie et concentrer ses forces, il fallait d'abord unifier dans une Ligue commune les États italiens, et préparer cette Ligue par des réformes intérieures. Selon Balbo, au contraire, ces réformes constituaient un obstacle à la conquête de l'indépendance ; c'était donner trop beau jeu aux partisans du *statu quo*.

M. Rattazzi, chef de la gauche, fut un des adversaires les plus redoutables du comte Balbo, et lorsque la Lombardie décida son union au Piémont, le ministère succomba. M. Rattazzi contribua à sa chute par un rapport qui concluait au projet d'une Constituante et n'admettait pas que la dynastie restât à Turin. M. Casati fut chargé de former un nouveau cabinet qui prit le nom de ministère de la Haute-Italie. M. Rattazzi entra dans cette combinaison éphémère. Gioberti, ministre sans portefeuille, présida le conseil ; mais les revers de l'armée piémontaise décidèrent bientôt les nouveaux ministres à se retirer. Le roi confia à Gioberti le soin de composer un nouveau ministère.

C'était une tâche difficile au milieu de conjonctures aussi délicates. Il y parvint cependant.

M. Gioberti alliait le principe monarchique au principe démocratique. Il avait, par ses écrits philosophiques et religieux, exercé une influence considérable sur le mouvement italien. Son passage aux affaires fut de courte durée ; mais pendant ce temps M. Rattazzi avait conquis l'estime et l'affection du roi, et il se trouva en mesure de remplacer M. Gioberti quand ce dernier se retira.

On sait quelle était alors la déplorable situation de l'Italie, épuisée dans une lutte inégale et abandonnée de l'Europe entière. Les préjugés anti-français de Gioberti, à une époque où l'Italie aurait eu si grand besoin du concours de la France, n'étaient pas en situation. Au surplus, la République française, absorbée par ses discordes intestines, n'avait pas un seul homme d'État qui eût osé déclarer la guerre à l'Autriche et porter secours à l'Italie.

Cette nation infortunée n'attendit donc rien que d'elle-même. Le roi et le ministre se comprirent, et tous deux eurent une égale foi dans la vertu du sacrifice. M. Rattazzi proposa à Charles-Albert d'en finir avec une situation qui épuisait inutilement les forces de la nation et ne lui permettrait bientôt plus de livrer une bataille, faute de ressources pour entretenir une armée tout à fait hors de proportion avec l'état des finances et la population du Piémont :

« Sire, dit-il, nous allons dénoncer « l'armistice. Mettez-vous à la tête de « l'armée et attaquez. Si Dieu ne sourit « pas aux efforts de Votre Majesté, « vous aurez au moins sauvé l'honneur « du Piémont, le vôtre propre, mérité « à l'Italie l'estime des autres peuples, « et rendu certaine sa rédemption dans « l'avenir. »

« — C'est une question d'honneur, » répondit le roi. Et cette réponse était d'autant plus noble que Charles-Albert ne se faisait pas beaucoup d'illusions sur le résultat probable de cette nouvelle campagne.

Le 12 mars, la cessation de la trêve fut dénoncée à Radetzky. M. Rattazzi, au nom du Cabinet, exposa à l'Europe les motifs de cette résolution désespérée.

Les grands événements qui se sont passés depuis donnent à ces pages des jours néfastes de l'Italie une saveur particulière. Pour bien juger les hommes qui tiennent aujourd'hui le gouvernail des affaires, il importe surtout de les étudier dans leur passé.

Voici un fragment de l'éloquent manifeste qu'écrivit alors M. Rattazzi :

« Le gouvernement sarde prend à té-
« moin de sa cause toutes les nations
« civilisées ; il en appelle à ces hautes
« puissances qui déjà lui ont généreuse-
« ment prêté leurs bons offices ; il en
« appelle à tous les peuples qui, jadis
« ou récemment, ont combattu ou com-
« battent encore pour l'indépendance,
« et savent combien sa privation est
« amère, combien sa conquête est diffi-
« cile ; il en appelle à l'Allemagne elle-
« même, à qui les rapports de langue,

« de voisinage et de mœurs avec l'Au-
« triche, ne doivent pas faire oublier
« combien elle est hostile à la recompo-
« sition d'une forte nationalité germa-
« nique. Nous en appelons surtout, et
« avec plus de chaleur et de confiance,
« aux populations de la Péninsule ita-
« lique, qui toutes, malgré les fautes et
« les erreurs des siècles passés, sont
« toujours unies par les souvenirs, par
« les sentiments, par les espérances et
« par le cœur.

« La guerre de l'indépendance natio-
« nale recommence donc. Si elle ne se
« rouvre pas sous des auspices aussi
« favorables que l'an dernier, la cause à
« soutenir est toujours la même. Cette
« cause est sainte comme le droit de
« tous les peuples à posséder le sol où
« Dieu les a placés : elle est grande
« comme le nom et les souvenirs de
« l'Italie. Certes, les vœux de l'Italie

« nous accompagneront sur ces champs « de bataille où déjà l'armée subalpine, « avec son roi magnanime, avec les « courageux fils de ce roi, a donné des « preuves si éclatantes de valeur, de « constance et d'intrépidité; où nos « frères de la Lombardie, de la Vénétie, « des duchés, ont souffert pendant sept « mois les outrages les plus cruels, les « tortures les plus poignantes. »

Radetzki répondit par des injures à ces nobles et touchantes paroles. M. Rattazzi parut alors à la tribune du Parlement (séance du 14 mars), et avec un accent solennel et plein d'émotion, il s'écria :

« Le jour de la rescousse est arrivé ; « je viens l'annoncer au nom du gouver- « nement. Notre longanimité et les bons « offices des puissances médiatrices

« n'ont servi à rien jusqu'ici. L'attitude « de l'Autriche a prouvé que l'on ne « pouvait espérer une paix honorable, « si cette paix n'était pas provoquée par « les armes. En attendant davantage, « nous aurions usé nos forces sans au- « cune espérance ; nos finances se se- « raient épuisées complétement ; notre « armée, aujourd'hui enthousiaste et « florissante, se serait affaiblie ; l'ardeur « qui l'anime à combattre pour le roi et « la patrie se serait éteinte, si elle avait « été plus longtemps contrainte à rester « inactive. Vous l'avez compris, Mes- « sieurs, vous qui, il y a peu de jours « encore, exprimiez le vœu de la nation. « Vous avez fait retentir le cri de guerre, « le gouvernement l'a entendu. »

Ce fut le signal du Waterloo de l'Italie. L'armistice cessait le 20 mars. Trois jours après, l'armée piémontaise succombait à Novare, et le roi Charles-Albert abdiquait plutôt que de subir les conditions du vainqueur.

Le roi, entouré de ses fils, de ses généraux et de ses hauts fonctionnaires, s'exprima en ces termes :

« Messieurs, je me suis sacrifié à la « cause italienne; pour elle, j'ai exposé « ma vie, celle de mes enfants, mon « trône! Je n'ai pas réussi. — Je com-« prends que ma personne pourrait être « aujourd'hui le seul obstacle à une paix « désormais nécessaire; je ne pourrais, « d'ailleurs, me résoudre à la signer. « Puisque je n'ai pas su trouver la mort, « j'accomplis un dernier sacrifice à mon « pays. Je dépose la couronne et j'abdi-« que en faveur de mon fils, le duc de « Savoie. »

Mais le roi et son ministre avaient

vu clair dans l'avenir. Leur foi ne s'était pas trompée. La poussière des braves qui périrent dans la fatale journée de Novare fut la semence de la liberté. L'Italie avait combattu, l'Italie avait prouvé qu'elle était digne de l'indépendance, et désormais elle avait gagné mieux qu'une bataille, elle avait gagné tous les cœurs en Europe.

Le ministère s'était retiré. Mais quand la Chambre voulut offrir à son roi exilé volontairement, l'hommage de sa reconnaissance, par une attention pleine de sentiment et de délicatesse, elle désigna parmi les commissaires chargés de porter ce message, l'ancien ministre du roi aux jours du sacrifice et du malheur, M. Urbain Rattazzi, sanctionnant ainsi, à la face de l'ennemi et aux yeux de l'Europe, l'acte suprême du généreux souverain qui s'était immolé à la patrie italienne.

Ce fut là, certainement, une des grandes pages de la vie publique de M. Rattazzi. Quelle impression ne dut-il pas éprouver en arrivant, le 12 mai, à Oporto, lorsqu'il se retrouva en face de ce roi courbé par l'adversité, brisé par la douleur et par la maladie, mais fier encore dans son infortune, et prêt encore à monter à cheval et à servir en soldat, le jour où un peuple quelconque jetterait le gant à l'Autriche maudite! Mais l'infortuné ne devait plus monter que ce cheval pâle de la Mort, qui emporte si vite ceux qu'elle a touchés de son doigt.

La députation se présenta devant le roi exilé, le 14 mai. M. Rattazzi prit la parole et donna lecture de l'adresse de la Chambre. Elle exprimait les sentiments les plus nobles que puissent inspirer l'injustice du sort et la grandeur dans l'infortune.

« Sire, articula M. Rattazzi, au milieu du deuil de la patrie, parmi cette « mystérieuse fatalité des derniers évé- « nements, les députés du peuple subal- « pin viennent saluer en vous la majesté « du malheur et acquitter une dette sa- « crée au nom de l'Italie tout entière.

« Nous comprenons, Sire, votre haute « douleur; nous sentons toutes les an- « goisses de votre cœur de roi, de sol- « dat, de citoyen, et nous respectons la « résolution que vous avez prise.

« Mais si les erreurs de la fortune « ainsi que des hommes ont produit en « vous la tristesse qui saisit en de sem- « blables cas les âmes nobles et grandes, « elles n'ont assurément point diminué « votre foi dans la cause dont vous vous « fîtes le soldat et dont vous êtes au- « jourd'hui le plus respectable martyr. « Par votre martyre même elle devient « plus grande, plus sacrée; elle y trouve

« de nouvelles preuves à opposer aux « aveugles soupçons des partis ; de nou- « veaux arguments pour montrer aux « générations présentes et futures que « son triomphe exige les plus grands sa- « crifices.

« Et à cette cause, Sire, votre nom, « consacré par la gloire et par l'infor- « tune, sera toujours un drapeau, une « puissance. Non, vous n'avez pas cessé « de parler aux imaginations ; sur toutes « les lèvres, dans tous les cœurs, réson- « nent encore vos magnanimes paroles, « qui nous encouragèrent si puissamment « après un premier désastre : *La cause « de l'indépendance italienne n'est pas « perdue.*

« Vous êtes inséparable, Sire, de tou- « tes les péripéties de cette grande « cause ; et même en disparaissant de la « scène où s'agitent ses destinées, vous « ne cesserez pas d'être présent dans la

« pensée, dans l'esprit, dans les espé-
« rances de ses défenseurs.

« Non, Sire, en vous dérobant aux « regards de votre peuple, vous ne pou- « vez diminuer dans son admiration, « dans sa gratitude, dans son amour. « Vous vivez au milieu de nous dans ce « Statut, où vous avez intéressé nos « droits à soutenir les vôtres, dans ces « libérales institutions dont vous secon- « dâtes le développement, dans cette « armée que vous avez développée avec « tant de soins prévoyants. Vous vivrez « éternellement dans notre mémoire et « dans celle de nos descendants, comme « exemple unique et inimitable du roi « citoyen et soldat, élevé à l'école des « temps nouveaux.

« Vous vivrez surtout, Sire, en votre « auguste fils et successeur, qu'éclaire- « ront vos exemples, et à qui, en dépo- « sant la couronne, vous avez montré à

« quelles conditions seulement on peut « en ces jours la porter noblement.

« Sire, vous avez voulu devancer le « jugement de l'histoire ainsi que des « générations à venir, et vous en aviez « le droit. Dieu vous accorde les conso- « lations de la calme solitude, de la mé- « ditation silencieuse dans lesquelles « vous avez voulu chercher un refuge ! « Bien des souvenirs glorieux vous sui- « vront dans votre retraite. Puissent les « uns passer légers sur votre cœur ; « puissent les autres servir de baume « suave à vos blessures ! Nous vous « sommes témoins que partout et tou- « jours vous accompagneront les vœux « de la reconnaissance, du respect, « de l'amour du peuple subalpin, de « ces autres peuples infortunés que « vous brûliez de refaire Italiens ; de « toute l'Italie, pour laquelle le nom de « Charles-Albert sera le glorieux sym-

« bole de ses espérances immortelles. »

A mesure que parlait son ancien ministre, une émotion profonde s'emparait du roi. Les assistants étaient eux-mêmes émus jusqu'aux larmes.

Charles-Albert répondit avec une sorte d'effusion. A son langage, il fut aisé de voir qu'il nourrissait le pressentiment de sa fin prochaine et la vision lumineuse des hautes destinées de sa patrie et de sa race. Répondant aux suprêmes consolations que lui apportait M. Rattazzi, il dit : « Je ne retournerai plus en Italie ; « mais j'y ai laissé mon fils, et il fera, « lui ! » Un moment après, il dit encore cette parole prophétique : « On exécu« tera un jour ce que j'ai tenté. »

M. Rattazzi a raconté, dans des termes touchants, cette entrevue solennelle :

« A la majesté de son visage, à la

« fois affligé et serein, de même qu'à « son entretien, dit-il, on comprenait « qu'une grande infortune, celle de sa « patrie, l'opprimait; mais d'autre part « brillait une conscience tranquille et « pure, la conscience de n'avoir rien fait « qui pût mériter un reproche. »

M. Rattazzi passa quelques jours encore près du roi malade, et vit en quelque sorte s'éteindre le flambeau de cette noble vie, immolée à la plus grande cause de notre époque. Laissant ses compagnons retourner en Italie, il partit pour la France qu'il devait apprendre à connaître et à aimer, et qui devait un jour apporter la délivrance à sa patrie (1).

(1) Voir, sur les derniers jours de Charles-Albert, l'excellent ouvrage de M. de la Varenne, qui nous sert de guide dans cette Notice, et le beau travail du comte Cibrario, traduit par le même auteur. — Paris, Dentu, 1862.

En revenant en Italie, M. Rattazzi, pendant toute la durée du ministère d'Azeglio, fut le chef du centre gauche, tandis que M. de Cavour, se séparant de la droite dans la question de l'abolition du for ecclésiastique, devenait le chef du centre droit. Ces deux fractions formèrent un tiers-parti modéré, qui bientôt allait s'emparer de la direction des affaires et préparer le mouvement unitaire.

M. de Cavour entra dans le cabinet d'Azeglio en octobre 1850, en remplacement du chevalier de Santa-Rosa, que la maladie contraignit à la retraite.

M. de Cavour n'était pas homme à se contenter du programme timide de M. d'Azeglio ; il noua des rapports avec M. Rattazzi, et fort de l'appui du centre gauche, il réunit, en avril 1851, le portefeuille des finances, que M. Nigra consentit à lui céder, au portefeuille du commerce. — Deux autres ministres, MM. Mameli et Gioia se retirèrent également, plutôt que de subir la domination de l'homme d'État éminent, mais absolu, qui avait si promptement effacé M. d'Azeglio.

Une entrevue entre M. Rattazzi et M. de Cavour eut lieu à la fin de 1851. L'alliance entre le cabinet et le centre gauche se cimenta et se produisit d'une manière éclatante dans la discussion qui eut lieu au Parlement à propos du projet de loi Da Foresta, qui tendait à punir les offenses de la presse envers les souverains étrangers. M. Rattazzi s'était prononcé avec beaucoup de vigueur et de modération contre ce projet de loi, et M. de Cavour, à la grande surprise de ses collègues, avait approuvé le langage de M. Rattazzi. Le cabinet, tout en émoi, fut sur le point de se dissoudre. La droite récrimina de la façon la plus acerbe. Le mariage du cabinet et du centre gauche était un fait accompli. M. Rattazzi en confirma l'assurance par une réplique à M. de Revel, organe des récriminations de la droite.

A la session de 1852, le mariage (*connubio*) du centre gauche et de M. de Cavour eut pour premier fruit de porter M. Rattazzi à la présidence du Parlement. Les dissensions du cabinet n'en devinrent que plus vives, et M. de Cavour prit le parti de se retirer. Avec lui se retirèrent MM. Farini et Galvagno. M. d'Azeglio essaya de reformer un ministère et de gouverner sans l'appui du centre gauche. Cette combinaison n'était pas née viable. Mais il entrait dans les vues de MM. de Cavour et Rattazzi de lui laisser quelques mois d'existence. Tous deux partirent pour Paris et virent celui qui devait un jour combattre, de sa personne, à la tête de l'armée française, pour la délivrance de l'Italie. M. de Cavour alla ensuite à Londres et entretint lord Malmesbury de son alliance avec M. Rattazzi. Ces sages préparations étaient autant de garanties de force et de stabilité pour le futur cabinet.

Dès le début de la session, le ministère d'Azeglio succomba devant son impuissance et le mauvais vouloir de la cour de Rome, dans la question du mariage civil. M. d'Azeglio et ses collègues offrirent leur démission le 22 octobre. Toutes les espérances de l'Italie se tournaient alors vers MM. de Cavour et Rattazzi. Le roi crut pourtant amener le Pape à de meilleurs sentiments en choisissant de nouveaux ministres de la même opinion que les précédents. M. César Balbo fut chargé de former un cabinet qui devait être présidé par M. de Revel. César Balbo essaya d'obtenir au moins la neutralité de MM. de Cavour et Rattazzi. M. de Revel intervint. Selon lui, son nom seul était un obstacle. Il l'avoua au roi avec franchise et lui conseilla de recourir à M. de Cavour.

Ce conseil allait au devant des vœux du roi. M. de Cavour fut appelé. Il proposa une combinaison ministérielle qui fut agréée, et dont il se réservait la présidence. Avec une habileté qui peint les deux hommes d'État dont il s'agit ici, M. Rattazzi resta à la présidence du Parlement, en dehors du cabinet. C'était ménager les transitions.

M. de Cavour, tranquille au Parlement, eut à lutter contre des émeutes. Une multitude aveugle, lui attribuant la cherté des vivres, entoura son hôtel. Sans l'intervention de M. Rattazzi, qui calma cette foule furieuse, M. de Cavour eût peut-être péri sous les coups des assassins. La popularité de M. Rattazzi devenait pour le cabinet un indispensable appui.

Le lendemain de l'émeute, M. Boncompagni lui céda le portefeuille de la justice et prit sa place à la présidence. Cette modification ministérielle fut accueillie avec faveur par l'opinion publique. La nomination de M. Rattazzi fut considérée comme une garantie par les libéraux. La droite et le Sénat, au contraire, montrèrent plus de colère que de bon sens. Au bout d'un mois, après le refus par le Sénat d'un projet de loi sur le service de la trésorerie, la Chambre fut dissoute. Celle qui sortit des nouvelles élections prouva que MM. de Cavour et Rattazzi marchaient avec le pays.

Jamais hommes d'État ne se complétèrent mieux que MM. de Cavour et Rattazzi. Ce dernier était doué des qualités administratives qui manquaient à

M. de Cavour. L'énorme tâche de la réforme judiciaire et administrative des États-Sardes lui incomba. Il y suffit, grâce à un travail acharné. C'est par l'initiative de M. Rattazzi qu'en moins de deux ans le Parlement vota successivement les lois suivantes :

Réforme du Code pénal.

Modifications au Code de procédure criminelle (contenant une des lois les plus libérales de l'Europe, en matière d'arrestation préventive).

Réforme de la Cour de cassation.

Réorganisation des tribunaux et du ministère public.

Réorganisation de l'ordre des procureurs (avoués).

Loi pénale contre les délits, spécialement par la parole, commis par les ministres du culte dans l'exercice des fonctions religieuses.

Loi générale sur la sûreté publique.

Code de procédure civile et lois accessoires.

Réorganisation et mise en activité des tribunaux de commerce.

Suppression de diverses communautés et ordres religieux, et mesures tendant à améliorer la condition des curés et vicaires insuffisamment rétribués.

Ici la mesure était comble. La Cour de Rome fit de suprêmes efforts de résistance, et le cabinet, avec une fermeté qui lui fait honneur, déclara qu'il se retirerait plutôt que de céder. Il l'emporta, et ce ne fut pas la moindre de ses victoires.

On était alors en mai 1855. M. Ponza de San-Martino, ministre de l'intérieur, s'étant retiré, M. Rattazzi prit sa place. Aimé du roi et du public, il put, dans ses nouvelles fonctions, rendre d'éclatants services. Orateur habile, doué d'une parole incisive et pénétrante, plein de hardiesse et de spontanéité, pourvu d'une prodigieuse mémoire et d'une habileté consommée, M. Rattazzi était, pour le roi Victor-Emmanuel, dans les difficiles circonstances que la monarchie allait traverser, un ministre d'une valeur inappréciable. Il fut l'orateur ministériel par excellence et la plus haute capacité du Parlement piémontais.

Un grand trait de génie marqua le passage du cabinet Cavour-Rattazzi. Quand la France jugea enfin l'heure venue d'arrêter la marche de la Russie vers Constantinople, un appel fut fait à l'Autriche. Elle refusa, voulant sans doute se réserver de se ranger du côté du plus fort. Le cabinet de Turin répondit, au contraire, qu'il s'empressait d'unir les armes du Piémont à celles de la France.

A dater de ce jour, l'Autriche allait se trouver confinée dans une politique d'isolement, et l'embryon de l'unité italienne se formait dans l'alliance franco-sarde. M. Rattazzi enleva, à force d'énergie et de talent, cette décision capitale.

« Le cabinet de Vienne, dit M. de la Varenne, se sentait frappé au cœur par cette nouvelle. — « C'est, disait un di- « plomate autrichien, c'est un coup de « pistolet tiré à bout portant aux oreilles « de l'Autriche. » — Et cependant les deux hommes d'État piémontais avaient dû lutter contre une forte opposition, au sein même du Conseil, où M. Cibrario, presque seul, s'était montré de leur avis, de même qu'ils allaient avoir à subir, dans le Parlement, les attaques passionnées de la droite et de la gauche, leur reprochant de jeter dans une entreprise folle et sans résultats pour le royaume, le sang et l'or du pays.

« Le 26 janvier 1855 était signé, entre les trois cours de Paris, Londres et Turin, le traité par lequel le Piémont s'engageait à expédier et à entretenir un corps de quinze mille hommes, jusqu'à la fin de la guerre, pour agir de concert avec les deux autres armées. — Le 3 février, ce traité était soumis à la Chambre et approuvé après une semaine entière d'orageux débats, soutenus vigoureusement et pendant toute leur durée par M. Rattazzi, notamment contre MM. de Revel et Menabrea, de la droite, aussi bien que contre les principaux orateurs de la gauche. Bientôt après, le contingent sarde débarquait en Crimée. »

Le 16 août, La Marmora, qui commandait le contingent sarde, illustrait les armes italiennes au combat de la Tchernaïa.

L'Italie était ainsi devenue l'alliée de la France et de l'Angleterre. Pendant les conférences du Traité de Paris, où M. de Cavour représentait le Piémont, M. Rattazzi resta seul à la tête du gouvernement. On sait quelle fut l'issue du Congrès, quels griefs y exposa M. de Cavour, et avec quel courage et quelle dignité lui et M. Rattazzi répondirent aux provocations de l'Autriche, exaspérée de l'armement de la forteresse d'Alexandrie et de la souscription nationale pour l'achat de cent canons.

Une note insolente du cabinet de Vienne, relative à la liberté de la presse, servit de réplique au Manifeste de MM. de Cavour et Rattazzi. Les rapports diplomatiques entre l'Autriche et le Piémont furent rompus. Les intrigues austro-cléricales se combinèrent avec les tentatives mazziniennes pour troubler le pays. Il y eut une échauffourée à Gênes, le 29 juillet 1857. La droite accusa M. Rattazzi de complicité avec les émeutiers. En même temps, de sourdes intrigues se formèrent dans l'entourage de M. de Cavour. Elles avaient pour but de se débarrasser de M. Rattazzi, qui n'était pas homme à se faire le complaisant de cette coterie. Ce fut une guerre sourde et mesquine, dans laquelle le cabinet ne se montra pas aussi ferme qu'il aurait dû l'être. L'affection du roi pour M. Rattazzi était-elle la cause de cette froideur? M. de Cavour ne voulait-il autour de lui que des amis dociles, non des égaux? Il est juste, cependant, de faire observer que M. de Cavour fit, auprès de son collègue, les plus pressantes instances pour le décider à ne point céder à de telles attaques. M. Rattazzi avait résolu de se retirer. Il donna sa démission le 14 janvier 1858.

Le ministère fut interpellé sur les causes de cette retraite. M. Rattazzi voulut répondre lui-même. Il allégua des motifs tout personnels et exhorta ses amis à ne pas se séparer du pouvoir.

« Deux jours après cette séance, rap-
« porte M. de la Varenne, un membre
« de l'extrême droite, rencontrant au
« club M. de Cavour, s'avisa de le féli-
« citer de s'être défait du *Démocrate*.
« — Je ne comprends pas la nature de
« vos félicitations, répondit le président
« du Conseil ; tout ce que je sais, c'est
« que le ministère a perdu son bras
« droit. »

M. de Cavour écrivait en même temps au marquis de Villamarina, ministre de Sardaigne à Paris, la lettre suivante :

« Mon cher marquis,

« Le télégraphe vous a appris la mo-
« dification que le ministère vient de
« subir. Vous aurez été étonné de voir
« que j'aie quitté les finances pour me
« charger de l'intérieur.

« Ce changement m'a été imposé par
« la nécessité de relever le moral de
« l'administration provinciale, abattu
« par une suite de fâcheuses circons-
« tances. Je ne sais si je parviendrai à
« le faire. J'y consacrerai toutes mes
« forces et tous mes moyens intellec-
« tuels. Nous avons pensé qu'il ne con-
« venait pas d'introduire un élément
« nouveau dans le cabinet, qui aurait pu
« laisser croire que le ministère incli-
« nait à gauche ou à droite, tandis qu'il
« persiste dans la voie qu'il a suivie jus-
« qu'ici sans en dévier d'une ligne.

« Maintenant que Rattazzi est sorti
« du ministère, il est temps que la vé-

« rité se fasse jour sur son compte, et « qu'on commence à lui rendre justice. « Vous qui le connaissez à fond, vous « pouvez contribuer à cette œuvre répa- « ratrice.

« Rattazzi a succombé sous une série « de circonstances malheureuses, qu'il « n'était pas en son pouvoir de conjurer. « Il a été victime de fausses apparences, « sur lesquelles ses ennemis ont élevé « un édifice de calomnies inouïes. On l'a « accusé de tendances révolutionnaires, « d'opinions exagérées. Rien de plus « contraire à la vérité. Rattazzi a tou- « jours été le membre le plus conserva- « teur du cabinet, le partisan le plus « décidé du principe d'autorité. Le Roi, « la Monarchie, la cause de l'Ordre « n'ont pas de partisans plus sincères, « plus dévoués que lui.

« Il est libéral par conviction ; intel- « ligence de l'ordre le plus élevé, il a

« l'esprit juste et fin. Personne ne saisit « plus vite ni mieux que lui une affaire ; « et il est difficile qu'il se trompe dans « ses appréciations soit des questions « politiques, soit des questions admi- « nistratives.

« Tout ce que Rattazzi a fait lui-même « a été bien fait. Toutes les choses dont « il a dû confier l'exécution à d'autres « ont été de travers. Si l'occasion se « présente, tâchez de rectifier l'opinion « que l'Empereur s'est formée de Rat- « tazzi. Répétez-lui, de ma part, que si « dans tous les pays il y avait beaucoup « d'hommes de sa trempe, la cause « de l'ordre ne courrait plus aucun « danger.

« La sortie de Rattazzi m'a causé un « profond chagrin, non-seulement parce « que j'ai pour lui une vive et sincère « amitié, mais parce qu'il est triste de « voir succomber un homme qui a tant

« de mérite, et qui a rendu de si véritables services à son pays. »

Lorsqu'on se rappelle la franchise souvent rude et l'esprit naturellement caustique de M. de Cavour, lorsqu'on songe combien il était peu prodigue d'éloges et à quel point il était impatient de toute rivalité, les paroles qu'on vient de lire acquièrent un prix inestimable.

Retiré du pouvoir, M. Rattazzi étudia les événements. Il les étudia en homme habitué à lutter contre leur force aveugle et souvent à les dompter. Des choses immenses se préparaient dans les profondeurs de ce grand siècle. Et, dans ce mystère qui précède les tempêtes politiques comme le silence précède l'orage, son oreille entendait un bruit d'armes, un frémissement de glaives qui, derrière les murailles du quadrilatère, bruissaient sourdement.

Ces heures de recueillement furent courtes. M. Cadorna venait de quitter la présidence de la Chambre pour le portefeuille de l'instruction publique. D'un élan unanime, M. Rattazzi fut replacé à la tête du département comme un chef aimé et vénéré qu'on élève sur le pavois.

Trois mois après, l'Autriche recommençait une dernière fois ces invasions qui ont soulevé contre elle la conscience de l'Europe. Au nom du despotisme monarchique et clérical, elle levait comme par le passé ce guidon noir et jaune qui semble porter dans ses plis l'idée de l'oppression, de l'abaissement des peuples, du malheur public et privé, drapeau de l'injustice, drapeau du désespoir, tout souillé du sang et des larmes des opprimés et qui, au lieu d'aigles, devrait porter une hache, au lieu de cravate des chaînes.

Mais, cette fois, ses sombres bataillons rencontrèrent en face l'épée de la France. Et devant cette épée se brisa enfin la fortune des Hapsbourg.

Une pensée qui n'appartient pas encore à l'histoire, arrêta malheureusement l'Empereur dans cette grande marche dont les étapes furent des victoires. La paix de Villafranca laissa une lacune dans ce vaste programme qui fut l'idéal de nos espérances.

Cette décision inattendue, cette paix qui fut sans doute dictée par de suprêmes considérations, fit sur M. de Cavour l'effet d'un coup de massue. Cet homme de tant d'énergie et de sang-froid, perdit courage. Il donna sa démission de président du conseil et se retira dans sa terre de Leri.

Le pouvoir flotta un moment comme un navire qui ne gouverne plus et autour duquel tourbillonne la rose des vents. Qui allait prendre la place de M. de Cavour? Qui oserait affronter les mécomptes de l'Italie? Qui tiendrait tête à la réaction?

Un seul homme eut ce courage, véritable héroïsme d'homme d'État, ce fut M. Rattazzi. Il ne s'agissait plus là de gouverner avec la faveur populaire et sous d'agréables influences. Il fallait, au besoin, ne pas craindre d'affronter l'impopularité, la plus amère des douleurs pour les âmes libérales.

Un publiciste italien a dépeint avec beaucoup de vérité cette crise singulière et l'effet que produisit sur l'opinion publique la nomination de M. Rattazzi à la présidence du Conseil :

« Qui serait appelé, dit M. Migliotti, et qui voudrait accepter la succession de ce cabinet? On parla d'abord de M. de Revel, puis on prononça le nom du comte Arèse, grand ami de Napoléon III, puis d'autres encore à l'infini. Mais les populations restaient dans une sombre défiance; aucun des personnages mis en avant par la rumeur publique ne paraissait, en ces difficiles et douloureuses circonstances, réunir en lui-même ou présenter dans ses antécédents des garanties suffisantes pour un avenir aussi douteux. Les imaginations effrayées se reportaient sans cesse à l'obscurité de ces préliminaires de paix, si contraires à l'attente générale, aux résultats d'une guerre constamment heureuse. . . .

. . . .

« Il est positif que parmi ceux de nos hommes d'État agréables au pays, il ne s'en trouvait pas qui se souciassent d'entrer aux affaires. Il y a des moments où les difficultés et les dangers surpassent de beaucoup les plaisirs et l'attraction du pouvoir. L'accepter, dans ce cas, c'est faire preuve d'un grand courage, c'est savoir s'élever jusqu'à la vertu du sacrifice. M. Rattazzi, après Villafranca, eut ce courage et sut faire ce sacrifice. Ce serait plus que de l'injustice, de l'ingratitude même, que d'oublier ou même de ne pas reconnaître ce fait. M. Rattazzi n'est pas ambitieux, comme le prétendent ses malveillants adversaires. C'est le pouvoir qui vient à lui, et non pas lui qui recherche le pouvoir, et encore moins par des moyens tortueux et illégitimes. Et le plus souvent il les subit, parfois même au risque de l'impopularité, tranquille de sa propre conscience, et dans la conviction de bien servir son pays. Lorsqu'on lut ces lignes dans la *Gazette officielle* : « M. Urbain « Rattazzi est chargé de composer le « ministère, » ce fut comme si on enlevait un poids de toutes les poitrines ; la nation commença à respirer librement. Le nom seul du député d'Alexandrie était tout un programme : son passé était un gage certain contre les dangers du moment et pour notre avenir. Ce n'était certainement pas avec un premier ministre comme celui qui avait proposé la loi sur l'abolition des couvents, que nos libertés pouvaient courir des risques ; ce n'était pas avec ce même Rattazzi, qui avait si chaudement appuyé l'expédition de Crimée, que l'intérêt national pouvait être négligé. »

Le nom de M. Rattazzi fut prestigieux dans cette circonstance. Il dissipa l'anxiété. L'Italie respira. Elle recommençait à espérer. Elle voyait dans le président du Conseil l'homme de l'expédition de Crimée et le député libéral d'Alexandrie.

M. Rattazzi forma le cabinet. Dès lors commença pour lui un de ces énormes travaux sous lesquels sa complexion délicate semblerait devoir succomber et auxquels elle résiste pourtant avec une merveilleuse aisance. Muni des pleins pouvoirs votés par le Parlement au début de la guerre, il entra résolument dans cet encombrement d'affaires, comme un vigneron dans sa vigne. Il contint les intrigues réactionnaires, obtint à Zurich la consécration du principe de non-intervention, ce qui annulait les prétentions des princes dépossédés. En même temps il entreprenait par mille moyens administratifs et économiques le formidable travail de l'unité italienne. Tarifs douaniers, télégraphie, postes, cadres militaires, tout fut organisé, avec l'audace du génie qui comprend et du droit qui s'affirme, sur le plan de l'unité. Les lois administratives et judiciaires, la Cour des Comptes, la magistrature, le code de procédure civile, le code d'instruction criminelle, l'instruction publique, l'assistance, les travaux publics, tout fut remanié au point de vue unitaire. Ses nuits et ses jours furent employés à jeter les bases de la patrie italienne. Lui aussi put dire : J'écrirai ma pensée dans le sol.

Un publiciste italien, que nous avons déjà cité, M. Migliotti, apprécie de la manière suivante ce travail de géant :

« L'administration centrale reçut une extension aussi complète et une impulsion aussi énergique que possible. L'œuvre législative du ministère fut une véritable révolution, et, à ce point de vue, on peut dire que M. Rattazzi est chez nous la personnification d'un système. »

Et plus loin, il ajoute, avec infiniment de raison :

« L'histoire nous fournit des exemples d'États constitutionnels où, en des moments de crise suprême, les pleins pouvoirs ont été accordés au chef de l'État. Elle ne nous montre nulle part, que nous sachions, un gouvernement, à l'issue de cette dictature, laissant le pays en possession de libertés plus grandes. C'est là l'admirable exception dont peut se faire gloire le Cabinet de 1859. Il sut utiliser les pleins pouvoirs, héritage épineux au moment où il le recueillait, pour gratifier le pays de lois bien autrement larges que celles sorties jusque-là des débats du Parlement. »

Un congrès parut un moment nécessaire pour régulariser la situation des duchés. L'Angleterre avait jeté cette barre dans les roues de la fortune du Piémont. M. Rattazzi écrivit à M. de Cavour, qui accepta la mission de se rendre au futur congrès en qualité de plénipotentiaire, acceptation très-honorable de la part de M. de Cavour, marque d'estime profonde donnée au Cabinet Rattazzi.

Toutefois, le congrès n'eut pas lieu et l'intrigue britannique n'eut d'autre résultat que de créer, à propos de Nice, assez d'embarras au cabinet italien, pour que M. Rattazzi jugeât utile au pays de sacrifier sa position et de laisser la place à M. de Cavour.

Il se retira, ainsi que ses collègues, le 14 janvier 1860.

M. de Cavour mit dans cette occurrence trop d'empressement à rentrer aux affaires. Tout l'effet moral de cet événement reste à l'avantage de M. Rattazzi, qui fit preuve de beaucoup de noblesse d'âme, de dignité et de désintéressement en laissant la place à son compétiteur. Celui-ci dut même lui rendre hommage, et il le fit avec une certaine grandeur devant la Chambre, dans la séance du

11 octobre 1860, en rappelant les difficultés qui avaient empêché le ministère de précipiter les annexions.

« Les honorables députés Minghetti et Galeotti, dit M. de Cavour, vous ont démontré que si l'annexion de la Toscane et de l'Emilie ne s'est pas accomplie immédiatement après le vote de ces provinces, ce ne fut certainement la faute ni de ces populations, ni des illustres citoyens appelés par elles à les diriger. Je vous dirai à mon tour que si ces annexions n'eurent pas lieu de suite, ce ne fut pas non plus la faute du gouvernement du roi. Et je parle ici, non-seulement pour le ministère actuel, mais encore pour ce qui regarde celui auquel nous avons succédé. Et de fait, Messieurs, était-il possible qu'immédiatement après les conventions de Villafranca, lorsqu'on discutait à Zurich le traité de paix, était-il possible qu'alors notre gouvernement se rendît aux désirs des Toscans et des peuples de l'Émilie qui réclamaient l'annexion immédiate? Si vous réfléchissez aux conditions dans lesquelles se trouvait le pays, je ne dis pas seulement à l'égard de l'Autriche, mais même à l'égard de la France, vous devrez reconnaître que la réponse faite à Turin par le roi aux députés de la Toscane et des duchés, et à Milan à ceux des Légations, *n'était un acte ni timide ni modéré, et qu'il touchait même à l'extrême limite au-delà de laquelle la hardiesse se fût changée en imprudence*. Si le gouvernement ne pouvait accepter les annexions à la veille du traité de Zurich, il ne le pouvait pas davantage le lendemain. Les temps se faisaient plus favorables. Mais l'idée fut mise en avant en Europe, et acceptée pendant quelque temps par toutes les grandes puissances, d'un congrès européen, qui devait se réunir sur la base, proclamée par deux d'entre elles, de la non-intervention, ce qui arrivait à dire : sur la base du respect de la volonté des Italiens. Tandis que ce congrès était pour se réunir, et alors qu'on espérait que ses décisions seraient favorables à l'Italie, précipiter les annexions que les gouvernements les mieux disposés à notre endroit nous conseillaient de suspendre, eût été non-seulement un manque de prudence, mais même une folie. Les probabilités d'un congrès se trouvant reculées, le ministère qui était alors au pouvoir décida l'envoi d'une mission à Paris et à Londres pour hâter les annexions ; et je ne saurais blâmer cet acte, puisque j'acceptai alors de représenter notre gouvernement dans ces deux capitales. »

M. Rattazzi alla reprendre son siége

de député à la tête du centre gauche. On sait quels événements devaient le ramener au pouvoir dans les circonstances les plus graves peut-être que le nouveau royaume d'Italie ait traversées.

Quand la mort emporta M. de Cavour au plus beau moment de ses succès et dans tout l'éclat de son génie politique, la présidence du Conseil fut confiée à M. Ricasoli. Mais trop lourd était le poids d'un pareil héritage pour les épaules du baron florentin. Sa raideur n'était pas appropriée aux circonstances. Son énergie et son patriotisme restèrent incontestables. Il sauva sa gloire, et c'est presque tout ce qu'il importe de sauver en ce monde ; mais il dut quitter les affaires, et ce fut encore à M. Rattazzi qu'échut la présidence du Conseil. Déjà le Parlement italien lui avait conféré les honneurs de la présidence.

Il revenait alors d'un voyage en

France où il avait reçu de la presse démocratique un accueil plein de sympathie. Sa rentrée aux affaires suivit de près cette manifestation. Les amis de l'Italie virent avec une vive satisfaction reparaître l'ancien ministre du Connubio, le compagnon de M. de Cavour. Car ces deux noms sont inséparables dans le cœur des Italiens comme ils le seront dans l'histoire.

Depuis sa rentrée à la tête du cabinet italien, M. Rattazzi a montré les mêmes qualités politiques et administratives que par le passé. A ceux qui pouvaient encore le soupçonner de connivence avec les exagérés, il a prouvé, dans les derniers événements, qu'il est avant tout, comme le disait fort bien M. de Cavour, « le partisan le plus décidé du principe d'autorité. » Cette crise met à cette carrière si bien remplie une sorte de couronnement. M. Rattazzi vient de prouver qu'il était non-seulement un travailleur infatigable, un administrateur hors ligne, un politique habile, mais encore un homme d'État de cette grande et noble famille qui est la famille de l'histoire, parce qu'elle sait au besoin risquer sa tête pour le salut de la patrie. Et c'est la vie, ni plus ni moins, que M. Rattazzi vient de jouer dans le dernier chapitre de l'épopée garibaldienne.

FIN.

Ill.mo Signore

Eletto deputato in due Collegii, mentre mi professo riconoscente verso tutti gli Elettori, che vollero onorarmi della loro fiducia, io opto per l'elezione che mi fu fatta dal 1° collegio della Città d'Alessandria, cui era già stato eletto per due volte nella precedente legislatura

Aggradisca, Ill.mo Signore, i sensi della più [illegible], e del più distinto ossequio, coi quali ho l'onore di professarmi

Di V. S. Ill.ma

14 febb.°

Devot.° Obb.mo Servo

Rattazzi

PORTRAITS HISTORIQUES AU XIXe SIÈCLE

EN VENTE

NAPOLÉON III.
ALEXANDRE II.
GÉNÉRAL CAVAIGNAC
DUCHESSE D'ORLÉANS
DEL CARRETTO, ex-ministre du roi de Naples
DROUYN DE L'HUYS.
LEDRU-ROLLIN.
PALMERSTON.
MONTALEMBERT.
LOUIS BLANC.
MANIN, ex-présid. de la république de Venise
MICHELET.
VICTOR HUGO.
SAINT-ARNAUD et CANROBERT.
ESPARTERO et O'DONNELL.
TALLEYRAND.
A. BLANQUI.
METTERNICH.
LOUIS-PHILIPPE.
FRÉDÉRIC-GUILLAUME, roi de Prusse.
LAMENNAIS.
COMTE DE CHAMBORD
GUIZOT.
MADAME DE STAEL.
CHANGARNIER.
BENJAMIN CONSTANT
LE PRINCE A. GHIKA.
CHATEAUBRIAND.
BÉRANGER.
M. THIERS.
ARMAND-CARREL.
LAMARTINE.
RECHID-PACHA.
PAUL-LOUIS COURIER
DUCHESSE DE BERRY.
NAPOLÉON Ier, 2 vol.
LAMORICIÈRE.
JULES FAVRE.
PIE IX.
ÉMILE DE GIRARDIN.
PROUDHON.
LAFAYETTE.
LA REINE VICTORIA.
EDGARD QUINET.
CASIMIR PÉRIER.
OSCAR Ier, roi de Suède
LES JOURNAUX sous l'Empire et la Restauration.
LES JOURNAUX sous le règne de Louis-Philippe.
LES JOURNAUX depuis mil huit cent quarante-huit.

2e SÉRIE

LE Mal PÉLISSIER.
LE PÈRE ENFANTIN.
LE PRINCE NAPOLÉON
LE Pce DE JOINVILLE et LE DUC D'AUMALE
M. BERRYER.
M. DE MORNY
M. VILLEMAIN.
LE Mal BOSQUET.
FERDINAND II.
LE Cte DE CAVOUR.
GARIBALDI.
LES CHEFS DE CORPS DE L'ARMÉE D'ITALIE
LOUIS KOSSUTH.
VICTOR-EMMANUEL II
L'IMPÉRAT. EUGÉNIE.
LE PRINCE JÉROME BONAPARTE.
M. BAROCHE.
M. MOCQUARD.
MAZZINI.
FRANÇOIS-JOSEPH, empereur d'Autriche.
LÉOPOLD, roi des Belges
Mgr DUPANLOUP.
LE VICOMTE DE LA GUÉRONNIÈRE.
M. ACHILLE FOULD.
M. ROULAND.
LE Gal ANTONELLI.
LE Gal DE PIMODAN
LES FRÈRES PEREIRE
LE PÈRE FÉLIX.

CONDITIONS DE LA SOUSCRIPTION

Une biographie complète paraissant tous les mois.

Prix de chaque biographie : 50 centimes.

En envoyant un bon de poste de 5 francs, on reçoit franco, aussitôt leur publication, dix biographies.

Paris. Impr. de L. TINTERLIN rue Nve-des-Bons-Enfants, 3.

www.ingramcontent.com/pod-product-compliance
Ingram Content Group UK Ltd.
Pitfield, Milton Keynes, MK11 3LW, UK
UKHW020416230726
13925UKWH00004B/1473